FULL SCORE
ECF-0038

大江戸フラメンコ
FLAMENCO in OH-EDO

作曲：櫛田胅之扶
Tetsunosuke Kushida

フレックス5重奏
管楽器5パート

Part 1
Piccolo / Flute / Oboe / B♭ Clarinet / Soprano Saxophone

Part 2
B♭ Clarinet / Soprano Saxophone / Alto Saxophone / B♭ Trumpet

Part 3
B♭ Clarinet / Alto Saxophone / Tenor Saxophone / B♭ Trumpet / F Horn

Part 4
Tenor Saxophone / F Horn / Trombone / Euphonium

Part 5
Bassoon / Bass Clarinet / Baritone Saxophone / Trombone / Euphonium / Tuba / String Bass

---

■編成について
演奏の参考になるよう【奨励編成】をいくつか提示しています。奨励編成を基準とした上で、不足楽器を該当パートの他楽器に入れ替えて編成を組むと演奏しやすいでしょう。また、奨励編成に限らず、フレックスという言葉が意味するように、奏者それぞれで独自性のある編成を考えて、独創性に富んだアンサンブル表現を創り出してみるのも良いでしょう。その際、音量のバランスに気を配ることを忘れないでください。

【奨励編成】　Part 1 / Part 2 / Part 3 / Part 4 / Part 5 の順で表記しています。

(1) Fl. / B♭ Cl. / A.Sax. / Trb. / Tub.
(2) B♭ Cl. / Trp. / Hrn. / Euph. / Tub.
(3) Ob. / B♭ Cl. / A.Sax. / T.Sax. / B.Sax.

大江戸フラメンコ
FLAMENCO in OH-EDO

フレックス5重奏
管楽器5パート

■作曲者コメント

『大江戸チャルダーシュ』の続編となる、「和」を西洋音楽の様式に乗せた、新しい試みの一つです。「フラメンコ」は、スペインのアンダルシア地方の民俗音楽と、ジプシー音楽が一体となった音楽で、日本でも一つの音楽として定着したイメージがあります。この曲も、そのイメージされた形式でもって、「和」の音を表現してみました。「トケ」と呼ばれる一つの形をもったリズム（実際のフラメンコではギターで演奏される）と、「カンテ」と呼ばれる歌から出来ています。

静かな旋律と一つの形を持ったリズムを刻む前奏のあと、「ペテネーラ」と呼ばれるリズムの主題に入ります。アンダルシア地方の民俗音楽の形式で、「和」の音階を使った旋律を書いています。「ペテネーラ」のリズムは、8分音符を1拍と数えるのが基本ですが、6/8+3/4の2小節で一つのパターンです。このリズムに旋律を上手く乗せることが、とても大切です。音が上へ向かうときの表現には、とくに情感を込めてください。そして、ギターの演奏を捉えた連続するリズムは鋭く、荒々しく演奏する方が良いでしょう。

5名編成ということですが、15名位の編成にしても、問題はありません。バランスの面から云えば、使用楽器、パートの配置によっては、各パート人数には、工夫があった方が、むしろ好結果を創り出せると思います。これも、フレックスアンサンブルの一つの特色と云えます。木管5重奏、サックス5重奏なども試みてください。なお、オクターヴで記譜されている部分は、どちらを選択されても良いという意味です。

(by 櫛田胅之扶)

■作曲者プロフィール / 櫛田胅之扶　　Tetsunosuke Kushida

1935年京都生まれ。京都教育大学にて数学を専攻する傍ら、音楽科教授・福本正氏に作曲を学ぶ。卒業後、映画音楽作曲家・高橋半氏に師事するとともに、グループ「創る会」に参加し、京都楽派の一人として、広く作曲活動を始める。邦楽の家に生まれ育ったという環境で、作風は伝統的な邦楽を基調にした、日本的あるいは民族主義的な路線を徹底して採っている。1981年全日本吹奏楽コンクール課題曲『東北地方の民謡によるコラージュ』、同じく1994年課題曲『雲のコラージュ』をはじめ、『飛鳥』『火の伝説』『雪月花』『斑鳩の空』『元禄』など多くの日本的な作品を数える。1995年第7回世界吹奏楽祭では『舞楽』を、1996年スイス国際現代音楽祭には、委嘱を受け『秋の平安京』(京都両洋高等学校のドイツ公演でも演奏)を作曲する。他にも、宗貞啓二、下地啓二、前田昌宏各氏のリサイタルのための作品、サクソフォン・アンサンブルの作品など、管楽器を中心とした作品が多く見られる。2017年のトランペッター・班目加奈氏とのドイツ公演は大きな反響を呼ぶ。近年、陸上自衛隊中央音楽隊の委嘱作品、『ソプラノと吹奏楽のための万葉讃歌』『ソプラノと吹奏楽のための「映像」』は、新しいジャンルとして注目されている。

また、より広い作曲活動を求め、絵画・建築・写真・映像などの分野との一体化による、構造的芸術の創造を目指して取り組んでいる。作曲・編曲・指揮といった音楽分野を越えて、イヴェント・コーディネーターとして広く活躍している。元京都女子大学講師・JASRAC正会員・WASBE終身会員・JBA名誉会員。

大江戸フラメンコ
FLAMENCO in OH-EDO

櫛田 胅之扶
Tetsunosuke Kushida

大江戸フラメンコ - 7

ご注文について

ウィンズスコアの商品は全国の楽器店、ならびに書店にてお求めになれますが、店頭でのご購入が困難な場合、当社PC&モバイルサイト・FAX・電話からのご注文で、直接ご購入が可能です。

◎当社PCサイトでのご注文方法

http://www.winds-score.com

上記のURLへアクセスし、WEBショップにてご注文ください。

◎FAXでのご注文方法

FAX.03-6809-0594

24時間、ご注文を承ります。当社サイトよりFAXご注文用紙をダウンロードし、印刷、ご記入の上ご送信ください。

◎お電話でのご注文方法

TEL.0120-713-771

営業時間内に電話いただければ、電話にてご注文を承ります。

◎モバイルサイトでのご注文方法

右のQRコードを読み取ってアクセスいただくか、URLを直接ご入力ください。

※この出版物の全部または一部を権利者に無断で複製(コピー)することは、著作権の侵害にあたり、著作権法により罰せられます。

※造本には十分注意しておりますが、万一、落丁・乱丁などの不良品がありましたらお取り替えいたします。また、ご意見・ご感想もホームページより受け付けておりますので、お気軽にお問い合わせください。

大江戸フラメンコ
FLAMENCO in OH-EDO

Part 3
F Horn

櫛田 胅之扶
Tetsunosuke Kushida

大江戸フラメンコ
FLAMENCO in OH-EDO

櫛田 胅之扶
Tetsunosuke Kushida

大江戸フラメンコ
FLAMENCO in OH-EDO

Part 5 String Bass

櫛田 胅之扶
Tetsunosuke Kushida